메가네우라의 사랑

강외숙 시집

계간문예

메가네우라의 사랑

| 시인의 말 |

불꽃 (5세 김유나)

나의 발성이 그저
따스한 안부였으면 좋겠습니다.
詩라는 달콤한 아픔의 유배지에서

2019년 12월

강외숙

■ 차례

제2부 바빌론 정원으로 가라

제3부 어머니의 시

제4부 사과나무 아래서

제5부 바람의 말

제1부

평균대 위를 걷다

메가네우라*의 사랑

석탄기의 쇄설물로 수프가 끓는 아침
메가네우라의 그물 날개로
삼억 오천만 년 전의 햇살이 춤을 춘다

사랑을 마치고 죽은 잠자리의 혼일까
일흔일곱의 용서를 달고 날아간 사랑이
캄캄한 지층 속의 기억을 데리고 왔다

사랑을 마치고 나는 죽었다
죽었으므로 기억이 없다

누군가 짙푸른 숲의 노래를 불렀지만
밀림의 열망은 융기되고 실종되었다
그 무렵 사랑이 죽고 나도 죽었다

누군가의 마음에 닿은듯한데
사랑한 기억이 없다 그 없음 속으로
삼억 오천만 년 전의 오로라가
잠자리 날개처럼 날아오고 있다

* Meganeura - 석탄기의 큰 잠자리

붉은 트로이

노을 비낀 트로이의 평원에서
올리브 나무는 천 년 전 바람을 데려와
비장한 가락으로 노래를 불렀다

노을이 허물어진 벽을 어루만질 때
사랑의 시작과 끝이 남긴 흔적을 보며 생각했다
기나긴 우리 사랑싸움의 종말도
그리스인의 목마처럼 내부에서 왔다고

초록 갈기를 펄럭이며 달려오는
에게해 푸른 바람에 흔들리며 나는
마지막 문장을 날려 보내기로 했다

바람과 노을 사이
트로이의 붉은 하늘로
잿빛 기억들이 새떼처럼 날아올라
보랏빛 하늘의 신화 속으로 멀어져 가며
내 사랑의 멸망사를 우짖고 있다

적막한 식민지에 네가 있다

가을과 봄 사이
바람 든 무처럼 가벼워진 오늘
내 쓸쓸한 식민지에 적막이 세 들었다
어떻게든 올 것은 오고 갈 것은 간다

산다는 건
사슴뿔 같은 노란 싹을 달고
지친 몸피로 버려지는 무 같은 어제들

겨울과 봄 사이
폭설이 지나간 저물녘에
봄눈처럼 흩날리는 엽서들이 있다
나는 붉은 손톱의 시절을 지나왔을 뿐
써서 보낸 글자들이 눈물에 번져
사라지는 걸 어찌할 수 없다

끝말은 명료한데
그래도 다를 거라는 착각으로
파랑 높은 바다를 건너려고 했을 뿐
이렇게 심한 멀미로 기우뚱거리는 세상
어떻게든 올 것은 오고 갈 것은 간다
내 적막한 식민지에 네가 있으니까

폐경기의 유배지 성산포에서

밤새 파랑 치는 해변의 검은 모래들이
살을 깎으며 우는 소리 들은 적 있는가

별빛에 찔려 죽은 시인의 혼인 듯
삼백 광년 너머 짙푸른 카노푸스
그 까마득한 별을 본 적 있는가

청포묵 한 모로 누운 성산포에서
내 방황을 위리안치한 삼목 숲 파수꾼이
바람 손으로 갯메꽃을 흔드는 밤

초사흘 달마저 후회에 잠기는 성산포
바닷속 미역들이
해원 쪽으로 몸을 기울이며 오열하는 밤

사월의 유채꽃이 흘려 놓고 간 몽돌
밤새도록 우는 소리 들은 적 있는가
푸르다 못해 검푸른 절창 들은 적 있는가

포구에 묶인 작은 배 몸 뒤척이는 해안
하얀 파도 한 줄 같은 젊은 날이 스러지는
내 폐경기의 유배지 성산포에서

밤바다에서

리스본에서 숄더백에 들어온 손을 보았지
나의 비명에 손은 번개처럼 사라져 버렸지

사랑이여
내 안에 왔다 사라진 도둑 같은 사랑이여

파도처럼 아무렇지도 않게
사람들은 어디론가 가고
영원한 기쁨도 영원한 슬픔도 없는 해안에서
잘 익은 술을 마시며
덜 익은 문학과 사랑을 얘기했지

사랑이여
나의 전부였거나 일부였던 사랑이여
마침내 흩어져 비로 내리고
눈으로 날리는 사랑이여

그래도 사랑했으므로 우리
번개와 오로라를 보았지
나도 모르게 내 안에 들어와 내 속을 헤매다
나도 모르게 사라져 버린 사랑이여

장미 지평선

꽃이 피는 동안 테러는 이어졌고
장미 지평선은
아직 꾸지 못한 꿈이 되었다

꿈들이 꼬리를 끌고 사라져 버린
이스파르타에서 장미 지평선을 바라본다

인생을 방해하는 건 인생

벼락 맞은 대추나무처럼 타면서
폭풍우 속 능금처럼 떨어져 뒹굴면서
왜 사랑하고 싸우고 헤어지는지
그 이율배반을 이해하지 못하면서

그래도 우리 손잡고 이스파르타에 가서
장미 지평선 너머 노을을 바라보며
우리 삶의 테러를 음모하자

활짝 핀 장미와 몽우리 진 장미들이
남겨 둔 꿈이 마구 피어나는
장미 지평선 너머 노을 속으로 가자

보헤미안 비망록

나는 보헤미안
나의 언어는 어디에도 없다

무꽃 피어나는 봄이 오면
새 노래에 설레는 봄이 오면
보헤미안의 얼룩진 비망록을 덮고
노루귀 풀처럼 푸른 귀를 세워
뿌리의 부재를 들어야 한다

뽀얀 길에 놓인 뱀 허물을 보듯
휘몰아친 시간의 껍질을 돌아보며
느슨하게 피는 산 벚꽃으로 피어
마음이 가는 길을 바라보아야 한다

국수 삶는 저녁

돌아올 수 없는 어머니와 숲길을 간다
시금치 삶은 물빛 같은 연두를 이고 간다

1974년 여름, 어머니는 삶은 국수를 건지고 있었다
파릇한 시금치가 섞인 국숫물은 봄 풀빛 같은 연두였다
어머니가 슬픈 저녁을 건질 때 양회 공장 사이렌이 울렸다
암 병동에 누운 아버지는 사이렌과 무관한 사람이 되었다
의사의 둔탁한 목소리처럼 국수 가락이 뚝뚝 끊기던 저녁
부속 극장 스피커에서 울리던 오 오 오 쌔 에 에드 무비…
황혼의 시그널은 날마다 슬픔을 데리고 와 벽을 적셨다
어머니는 더는 부부동반 영화를 보러 갈 수 없었다
그때는 그랬다. 무시로 떨어지는 어머니 눈물이 끔찍해
아버지를 대신해 나를 데려가 달라고 기도했었다
그때는 그랬다

돌아올 수 없는 어머니와 숲길을 간다
시금치 삶은 물빛 같은 시절을 이고 간다

너와 나의 반경

우리 알았다면
가시를 건너뛰는 법
우리 알았다면

찔레 가시에서 꽃까지 가는 길
꼭 그만큼만
우리 알았다면

너와 나
저렇게 웃는 찔레처럼
오월을 하얗게 흔들고 있을까?

파두, 난 너의 사랑을 안다

네가 없는 저녁이다
아말리아 로드리게스는 심장 밑바닥을 긁고
슬픔은 자작나무 그림자를 베고 누웠다
그림자엔 한낮의 뜨거운 눈물이 숨어 있다
황홀했던 노을빛 어두운 숙명으로 풀어지면
곧 무거운 주름을 달고 밤이 올 것이다

파두 슬픔은 우리의 재산
파두 난 너의 사랑을 안다

세상의 보이지 않는 풍경 속
온축된 무늬로 새겨진 하나의 지도
수천억 별 가운데 별 하나
양도할 수 없는 현존* 이다
파두…
난 너의 사랑을 안다

*-메를로뽕띠-지각의 현상학에서 차용

모슬포 우체국

파도가 슬픔을 부려놓은 포구에서
멀어져간 네게 편지를 쓴다고 적었다
멀리 목선 하나 가을을 저어간다고 적고
곱 조개 붙은 바위에서 네 생각 한다 적었다
갯메꽃에 내리는 쇠리 쇠리한 햇빛이라 적고
갈매기만 비우이 비우이 울어대는 해변에서
물기 어린 고독을 부숭부숭 말린다고 적었다
초록 치마 입고 누운 계집 같은 밭이랑 너머
남쪽 바다 끝에서 카노푸스를 보았다고 적고
바다도 채워지지 않는 게 있어 운다고 적었다
그리움이 파도에 취해 엎어진 해변이라 적고
사랑할 일 없어 바다로 온 사람의 비애라고 적었다

바다가 쓸쓸해져 버린 모슬포에서

복숭아나무처럼

사월이면
불 파마 분홍 머리를 인
복숭아나무처럼 한 사람 오지요

봄 내내 온종일
분홍을 콕콕 찍어 먹고는
파랑새처럼 빈 하늘 휘젓다가
적막하고 아득한 노래를 하지요

넘어질 맘 없다
가라 가라 해도
한 계절 염문을 흩뿌리고
저 홀로 지는 복사꽃처럼
아득히 모르는 일인 것처럼

한 사람 복숭아나무처럼 왔다가
심장에 함박꽃 눈 쏟아놓고
적막에 발목을 적시며 가지요

어머니의 도마

푹 파인 눈물의 분화구를 본다
지난한 삶을 다져낸 칼의 흔적
한생애가 지나간 자리를 본다

새벽마다
도마 소리에 섞이던 기도
일리아드 오딧세이 보다 긴 시
판소리 열두 마당보다 벅찬 노래
어머니의 그런 기도를 먹고
신명 나게 세상을 뛰어다녔다

세상의 도마가 모반의 난타를 치고
패착敗着의 한 수를 놓을 때도
자식의 허물마저 사랑으로 버무리는
어머니의 도마는 성자의 제단이었다

어머니의 도마
무수히 날카로운 생애의 흔적 위에
아련히 스미는 눈물샘 하나를 본다

무 반쪽 같은 달이

어머니가 주시던
무쪽같은 달이 떴다
무 반쪽 같은 달 속에
하얀 바람꽃이 흔들린다

무 반쪽 같은 달 속에
바람꽃이 흔들리는 건
마지막 말 대신
흐르던 어머니 눈물
그 물결무늬 때문이다

나 여태 어리석어
당신 슬픔 가늠하지 못했지만
무 반쪽 같은 달이 뜨고
푸른 양귀비꽃으로 별이 핀 밤
슬픔의 힘으로 달이 걸어간다

눈물 무늬 첫눈

첫눈 오는 밤
나타샤도 흰 당나귀도 떠난 밤
창밖에 사락사락 눈은 내리고
마음 길 굽이굽이 눈 덮는 밤
바람만 저 홀로 발자국 찍는 밤

아무것도 아닌 나를 사랑하여
눈보라 떨치고 와 건네던 편지
흰 눈 닮은 첫 마음
눈물 무늬 번지던 행간 그립다

첫눈 오는 밤
외로움만 저 홀로 흩날리는 밤
누군들 사랑 시 한 편 없겠냐만
잊히지 않는 희맑은 문장 하나
그 시린 눈물 무늬 그립다

풀잎에 베다

풀잎의 반란인가 하다가
가만히 생각해 보니
잘못 산 날의 벌이었구나!

종아리에 선명한
두어줄 붉은 빗금

청청한 풀잎 회초리

봄날의 시놉시스

아버지의 관에 핸드폰을 대고
국경을 넘은 피붙이의 울음을 전하며
셰익스피어의 겨울 이야기를 생각하며
인생이 지나가는 무대에서 우리 서로에게
어떤 역할이었냐고 묻던 대사를 떠올리며
물감처럼 번지는 호곡號哭의 운율 속에서
이건 꿈이라 생각하면서

아버지의 관에 핸드폰을 대고
말이란 뱉는 게 다가 아니라던
아버지의 비장한 묵시록을 생각하며
전쟁에서, 암 병동에서 지켜낸 목숨
홀로 접은 아침을 납득하지 못하면서
치명적 염료로 채색된 극적인 결말에
이건 꿈이라 생각하면서

아버지의 관에서 핸드폰을 떼고
대서양을 건넌 피붙이의 울음을 닫으며
심장엔 수많은 후회 파편으로 박히면서
벚꽃인지 아버지 흰 얼굴인지 모르면서
이건 꿈이라 생각하면서…

헬싱키 호텔

한 잎의 적막이 먼저 누워버린
망명지의 호텔에서 편지를 쓰네
이방의 카페에서 한 잔의 고독을 마시고
아무도 읽지 않을 시시한 시를 쓰는 밤
집시의 피를 지닌 사람의 이야기를 쓰네
영원하지 않아서 사랑이겠지 라고 쓰네
영원한 사랑은 사라진 사랑이라고 쓰네
그대 눈동자 속에서 출렁거리던 비애와
폭풍이 지나간 황량한 언덕의 비명을 쓰네
지상의 어디에나 숙제 같은 삶이 있을 뿐
영혼의 보헤미안이 꿈꾸던 길 위의 날은
결말이 명료한 숙명으로의 귀환일 뿐
허망으로 각인된 쓸쓸한 문양을 적시며
고독의 원형질에 닻을 내린다고 쓰네

머나먼 망명지 헬싱키에서

유민流民의 항구에서

밤바다로 침몰하는 야윈 불빛에
눈 붉은 사내가 술을 흘리는 밤
문어 한 마리 수족관을 헤맨다

먹이를 잃어 슬픈 건 아냐
슬픈 건 꿈을 잃어버리는 일
꿈을 잃어 슬픈 것만은 아냐
더 슬픈 건 꿈을 팔아 빵을 사고
마침내 꿈의 임종을 바라보는 일

이 순간도
누군가는 밥이 되지 않는 시를 쓰고
누군가는 분노로 세상을 폭파하고
어미 문어는 고독한 산란 끝에 죽고
더 많이 일하고 더 많이 절망하는
노동자는 일용할 양식에 등이 휘고
절망의 부스러기가 날아다니는 저녁
가난한 꿈의 이마에 술을 흘린다

길은 사람이 내는 거다
밑줄 하나 긋고 잠든 바다
유민流民의 항구는 말이 없다

제2부

바빌론 정원으로 가라

누가 적막을 드리우나

누가 드리운 적막인지 모른 채
꽃 숨을 쉬던 몇 날이 있었다
누가 참아 낸 천둥인지 모른 채
시라무런* 유채꽃 지평에 홀려
꽃숨을 쉬고 꽃밥을 먹었다

가도 가도 쓸쓸한 초원의 저녁
게르 지붕에 비수 같은 달이 뜨면
고삐 묶인 어린 말처럼 기억에 묶여
까닭 없이 울던 밤이 있었다

어디로 가는 인생인지도 모른 채
시라무런* 초원의 태양이 이끄는 대로
거친 사내가 끄는 마차에 구겨 앉아
사랑 없는 세상에 태어나자던 약속을
뿌연 모래바람 속으로 던져 버렸다

가도 가도 쓸쓸한
인생의 샛강을 건너며

*우란차부멍烏蘭察布盟의 초원

아버지

오롯이 맨살인 알밤처럼
껍데기를 잃은 사람은 알 것이다

고슴도치처럼 수많은 바늘을 꽂고
애잔한 생애의 담장을 지켜주던
아버지란 이름의 묵묵한 응원을

다음 생에서도 못 갚을 빚
영혼의 가난뱅이가 되고야 알 것이다

붉은 감자밭

하얀 꽃 피면 하얀 감자
붉은 꽃 피면 붉은 감자
꽃 따라 파 보면 붉은 감자

명료한 근원을 사랑하였을까
꽃도 줄기도 한 몸인 순수로
올망졸망 꿈꾸는 붉은 얼굴들

가녀린 줄기에 기대었어도
둥글고 겸손한 풍요의 얼굴들
어머니가 사랑한 붉은 감자밭

Amóre mio

아모레 미오
여기 모란이 지고 있어요
도둑처럼 봄이 살다 가고
꽃잎에 숨은 울음을 모른 채
잎 넓은 오월과 유월 언저리
마음이 먼저 지고 있어요

아모레 미오
여기 사랑이 지고 있어요
심장을 파던 노래도 스러지고
모란이 데려간 마음을 묻으며
붉은 울음 비우고 있어요

아모레 미오
여기 모란이 지고 있어요
무너져 내리는 소리도 없이
있었으나 지도에 없는 몇 잎의 기억
선명한 슬픔의 발자국을 덮으며
빼꾸기만 붉게 우는 게 아니었어요

봄눈 오는 저녁

이별을 이별 못 해 떠도는 사랑
못 보낸 추신 같은 봄눈으로 내려
어린 청보리 가여운 귀를 적신다

뽀얀 발자국 하나 남기지 못해
사랑보다 먼저 저문 사람의 마음이
눈발로 흩어지는 새봄의 저물녘

어느 마음도 젖고 있을 정거장엔
종소리도 없이 쓸쓸한 눈 세례에
웅크린 비둘기만 꾸우욱 꾸꾸욱
소환된 추억을 송전하고 있다

코펜하겐

모든 시계탑 아래서
나는 스물한 살

코펜하겐은 비에 젖는데
시계탑 아래서 만나자던 약속
이국의 광장에 멈추어 있다

푸르게 녹슨 기억이 흐르는
모든 시계탑 아래서
가파른 맥박의 스물한 살

바빌론 정원으로 가라

사랑이여 부디
저녁 새처럼 아득히 가라
가서 다시는 돌아오지 마라

사랑이여 부디
지는 꽃처럼 처연히 가라
가서 다시는 피어나지 마라
마른 꽃잎이 세상을 버리듯
젖은 바람이 아홉 능선을 넘듯
가벼운 지상의 사랑을 버려라

초록의 귀를 세워 팔랑대다가
언 밭에 누운 배추 잎 같은
그리움 따위 돌아보지 말고
순진한 눈발로 고요히 가라

마침내 사랑이여
저 바빌론 공중정원에 가서
부디부디 돌아오지 마라

슬픔의 푸른 방

무채색 길이 끝나자
일몰의 불타는 바다가 있었다
바다는 슬픔의 푸른 방이 있는지
이따금 흐느끼는 소리가 났다

왈칵왈칵 눈물 쏟는 바다를
노을이 어루만지고 있다
존재는 모두 시리고 아프다고
바람이 등을 토닥이고 있다

푸른 시간의 돛배를 보낸 나
다시마처럼 낮고 깊게 내려가
한 줌 소금이나 되자고 했다

저만치 폐선에
버린 사랑 하나 누워 있다

여적餘滴

너무 멀리 왔구나
산도 강도 두고 온 저녁
억새만 나를 따라온 하얀 길
기억도 척박한 해안의 끝에서
새들이 집으로 돌아가는 일몰
하얀 팔을 흔드는 억새들 사이
청춘이 흰 파도로 엎어지고 있다

저무는 바다에서 보았다
기우는 바다의 검푸른 가슴팍처럼
깃들 수 없는 길을 멀리 왔다는 걸

저무는 바다에서 보았다
울다 하얀 소금이 된 여적餘滴
저무는 길에 드리운 지도를

아카시아

어쩌란 말이냐
울다 만 얼굴로 하얗게 쏟아내는
오일장 튀밥 같은 웃음을

어쩌란 말이냐
기막힌 연서도 없이
심장에 등불 하나 밝힌 저녁
숨 막히게 달려드는 향기를

어쩌란 말이냐
거짓말처럼 하얗게 엎어져
모두를 내려놓은 성소聖所를

방목

강물이 손가락 새로 빠져나가듯
바람이 머리카락 새로 빠져나가듯
신발이 진부한 세상을 빠져나갈 때
시가 두려워 방목한 세월이 있었지

간절함을 들키지 않으려
북소리 따라 숲으로 숨어든 때도
황량한 폐사지에 민들레가 피고
더러 보름달 같은 시의 얼굴이 떠올라
외따롭게 주저앉아 울기도 했었지

콩밭에 후드득 빗방울 돋듯
때가 되어야 내리는 비처럼
마지막의 마지막까지 가기로 했지

밤의 옥수수 밭

초록 옷 붉은 머리에
흰 달빛 미사 보를 두른
옥수수밭에 추억이 걸어온다

별빛 푸른 밤의 비밀이겠구나
벌레 소리는 옥수숫대를 흔들고
여름밤을 시퍼렇게 흔들어 댄다

사랑하던 날의 비밀이겠구나
풀벌레는 소문을 들었다 봤다
오래전 그 밤처럼 야단법석이다

허공을 건너는 벌레 소리에
밤은 완행열차처럼 지나가고
비릿한 젖내 어린 옥수수
운명이 설핏 몸을 밀어 넣기 전
서둘러 진초록 옷을 덧입고 있다

네가 오지 않는 계절

봄 내내 너 없는 언덕에서
너의 이름을 잃어가고 있다
산 벚나무 흰 꽃이 울고 있다

슬픔이 덜컹거리는 우듬지에서
배회하던 어린 새 보이지 않고
빗줄기에 봄날이 젖어간다

빗물에 전송되는 질문에 대해
울다 스러지는 꽃잎에 대해
세상의 모든 소멸에 대해
아득하고 아득해진다

피어나던 순간이 있었고
스러지는 순간이 있을 뿐
아득하고 아득해진다

달밤

어머니
제가 배고픈 줄
어떻게 아셨어요?

오늘은
통통한 달떡을 빚어
저 높은 어머니 창에
어여삐 걸어놓으셨네요

참 고마운 밤이에요

유적지의 부엌

빈집을 지키는
어머니의 낡은 도마
소설 한 편 안고 잠들어
청보리 봄날 꽃잠 들어
왔냐는 인사도 없이 잠들어

탁탁 터지며 타던 깻대처럼
불덩이 타던 속내도 간 곳 없이
기억의 지느러미만 드리운 채
홀로 고요한 눈물샘으로 잠들어

어떻게 살아야 할지 모르는 날
툭툭 눈물 몇 방울 남기고
고개 숙여 돌아가는 유적지

복사꽃 옛집

하늘에
구름 이불 떠가고

저만치
무시루떡 머리에 인 할머니
흔들리며 건너가는 섶다리 너머
봄 집엔 복사꽃 그늘 짙어만 가고

누대의 전설을 데리고
강물은 꽃잎 띄워 흘러가는데

돌아오지 않을 이 기다리던
어머니 적막은 어딘지 몰라

구름 이불 덮고
복사꽃 옛집 꿈에나 볼까?

센티멘탈

쓸쓸해서 머나먼 해변으로 가자

울다가 하얀 앞치마로 엎어지는
물거품이나 사랑하면서
조가비만큼 조그맣게 살자

쓸쓸해서 머나먼 해변으로 가자

가을 접고 겨울 젓는 기러기같이
그리운 말 쓰며 가는 기러기같이
지상의 밥 냄새를 지우며 가자

쓸쓸해서 머나먼 해변으로 가자

내 사랑이 흘러간 바다로 가서
울다 울다가 소금이나 되자

시에 관한 고백

시를 찾아 오래도록
세상의 변방을 배회했다

더러는
이방의 숲을 나는 새였고
더러는
머나먼 해변의 바람이었다

볼품없는 나의 내부로부터
쏟아낸 언어의 미아들에게
이제 고해를 할 때다

생애의 날것을 익히며
깃든 새와 풀잎을 보듬으며
지는 꽃의 아름다운 눈물로
한 점이 된 격렬비열도쯤에서

푸른 못

누구의 슬픔인가?
홀로 나부끼는 개밥바라기

어쩌라고 꽃잎은 흩어지는데
너 없는 가을로 멀어지는데

호명할 이 없이 오늘이 저물 때
아홉 능선 너머 멀어진 너는
푸르게 나부끼는 깃발이 되어
아득한 안부를 묻고 있다

어머니 가슴에 살던 너
홀로 반짝이는 푸른 못

제3부

어머니의 시

오래된 정거장

벚나무가 꽃잎을 날리는 동안
오래된 기억의 정거장에
먼 이름 하나 부려놓았습니다

꽃이 피는 동안 몰입한 일들이
계절풍 같다고 말하지 않겠습니다
모두 내게서 나고 자랐기 때문입니다

프렌치카페가 있는 거리에서
나는
벚꽃의 흰 비늘이다가
유행이 지난 샹송이다가
누군가 꺾어준 벚꽃이다가
파도가 중얼대는 해변이다가
오래전 봄밤의 마파람이다가

뚜벅뚜벅 적막이 걸어오는 저녁
저무는 집 한 채로 서 있습니다

붉은 눈물

붉은 물이랑 넘어
집으로 가는 길을 꿈꾸는
세네갈 레트비 호수의 염부鹽夫
쌈바바 눈자위는 핏빛이다

물고기가 없는 죽음의 호수
붉은 물엔 플랑크톤과 소금뿐
목선 가득 퍼 올린 소금이 구천 세파
우리 돈 천팔백 원, 식구는 열여섯

시력을 잃어가는 세네갈 사내
치료비는 이십만 원
시집간 딸 급전은 이십팔만 원
자식이 먼저라며 웃는 아내

걸어서라도 가고픈 고향 기니
집으로 가는 길은 아득해지고
또 한 아이가 태어난다
이민자의 상처를 적시는 눈물
붉은 물이랑, 새파란 하늘

고해

멈추지 않는 고통의 열차를 타고
홀로 너무 멀리 와버린 사람아
바람이 달의 지문을 지우는 마을로 가자

두어 계절의 어둠으로
한 줄의 문장을 사는 사람아
우체부도 오지 않는 마을로 가자

말言의 숲에서 수척해진 사람아
능금 꽃 피고 지는 마을로 가자

쓸쓸한 포구에서 태어나
존재의 섬을 부유하던 사람아
물고기가 달을 깨우는 마을로 가자

가서
희맑은 한 줄, 시를 낳자

어머니의 시

어머니의 시는
종달새 노래로 익어가던 완두콩
꼬투리에 묻은 연두색 눈물입니다

어머니의 시는
무쇠솥에 피어나던 뽀얀 김
앞이 보이지 않는 눈물입니다

어머니의 시는
부엉이 소리로 익힌 묵은 지
못 올 이 기다리는 군내입니다

어머니의 시는
들깨 대궁이 바스러지는 소리
억장이 타는 불꽃의 노래입니다

어머니의 시는
유장한 문장이 축약된 외마디
깊이를 알 수 없는 한숨입니다

봉숭아

봉숭아 꽃물 드는데 한나절
지우는데 두어 계절
사랑 물드는데 한순간
치명의 염료 지우는데 하 세월

사랑아 너는
수천 개 손톱 달로 글썽이지만
난 네게 봉숭아꽃 한 잎이고 싶다
지워지지 않는 한 줄이고 싶다

저녁이 꽃잎을 날리는 동안

서성이는 마음 데리고
운주사 와불 님 뵌 날
열길 마음속 들키고 말았다

저녁이 꽃잎을 날리는 동안
빈 그물에 걸린 허망의 바다 냄새
열 길 물속까지 들키고 말았다

세상 다 벗어놓고 고요히 누우면
비로자나불처럼 온유해짐을 모른 채
우린 너무 오래 바다에서 싸웠다

저녁이 꽃잎을 날리는 동안
어린 갈대를 꺾은 죄까지 헤아려
나는 지상의 아궁이를 덥혀야 한다

저녁이 꽃잎을 날리는 동안
바랑에 이승의 용서 한 줌 담으니
고요한 절 한 채가 내게로 왔다

아직도

저녁마다 바람이 서성이는 까닭은
아직도에 그대가 살기 때문입니다
벌판 같은 세상 어디선가
무연히 꽃향기가 날아오는 까닭은
아직도에 그대가 살기 때문입니다

그대 밀물이던 날 나 거기 없었고
그대 썰물이던 날 나 갯벌이었지만
파도가 그리움으로 출렁이는 건
아직도에 그대가 살기 때문입니다

저만치 송아지가 초록을 밟는 저녁
벌개미취 핀 언덕이 아름다운 것도
성당 종소리에 두 손을 모으는 것도
아직도에 그대가 살기 때문입니다

물은 시린 쪽으로 흐른다

톤레삽* 호수의 아이
대야를 타고 바나나를 판다
원 달러! 원 달러…
호객에 지쳐 허기진 목소리
황토색 물을 한 움큼 먹는다

대야 속 일렁이는 노을을 베고
팔지 못한 바나나가 누워 있다
비록 옹색한 고무대야 속이지만
소년은 물너울의 리듬을 알고 있다
아이의 눈은 맑고 미소는 푸르다
아이에겐 맹그로브 나무 냄새가 난다

아직 여물지 못한 아이의 저녁
하루를 살아낸 비린내를 담은 채
소년의 대야는 석양을 등지고 간다
물 위의 남루한 집으로 가나보다
깡마른 아이의 어깨가 처연하다

아득한 수평선
일몰의 수평선이 사막이다
물은 시린 쪽으로 흐르고 있다

* 캄보디아의 호수

달의 뒤통수

바람이 달빛을 부수는 밤
세상의 모든 배반을 등진
달의 뒤통수는 그리움이다

맛만 보는 인생이란 네 독백에
어머니가 꾹꾹 울던 밤같이
묵묵한 달은 만삭이다

한생애가 엎어진 가을
스물일곱 뽀얀 국어 선생이 좋아한
은행나무만 육천 광년 너머 따라가
무량無量의 이파리로 전생을 비우는지
나뭇잎 지는 소리만 소설 한 권이다

바람이 달빛을 쓸고 가는 밤
네게 아무것도 못해 준 나
은행잎 잎마다 안부를 적어
네 한 권의 눈물 닦아야 한다

네가

네가 물이어서
멈추지 않는 노래로 흘러갔대도
산사나무에 걸리는 무지개로 오기를

나는 기다림이어서
달 밝은 언덕에 외따로 앉아
새똥같이 추락하는 시를 쓰는데

안단테 칸타빌레

기차는 아무렇지도 않게 동대구역을 지났다.
가슴에 구멍이 난 듯 시린 동안에도
세상은 어제와 같은 오늘의 풍경을 달고 있다.
삶의 유효기간은 예측불허, 어머니의 유품들이
차가운 언어로 굳어있다.
수많은 기억의 깃털이 날아다니는 빈집에서

사랑이여 떠나야 한다면
안단테 칸타빌레로 가다오
황금 햇살 수레에 화관을 쓰고
빛나던 기억 그림자로 거느리며
열망했던 꽃들이 피어나는 세상
사월의 꽃잎으로 날아가 다오

사랑이여 보내야 한다면
행간의 슬픔 들키지 말고
아무렇지 않은 듯 손 흔드는
사월의 나뭇잎처럼 보내다오

사랑이여 떠나야 한다면
오래된 고독을 제사 지내고
피안彼岸으로 나는 새처럼 가다오

아메리카 편지

사진으로 어머니 제사상이 날아왔습니다
별 하나 없는 밤, 끝 모를 어둠의 둘레에서
어머니의 눈에 흐르던 마지막 눈물을 봅니다
저 눈물 젖은 지층을 딛고 공중계단을 올라가면
어머니 팔베개하고 듣던 이야기 들을 수 있나요
세헤라자데처럼 밤새 들려주던 어머니의 이야기
방귀쟁이 며느리가 흔든 배나무는 얼마나 늙었는지
검은 빨래는 하얗게 하얀 빨래는 검게 하라던
못된 시어머니 후회는 했는지 궁금합니다
천사 같던 막내는 새장가든 제부가 밉지 않은지
"나는 까마귀도 네 아버지 술 먹었을 거라" 던
멋쟁이 아버지 여태 약주 드시는지 궁금합니다
국경을 넘어온 외로움의 갈기가 펄럭이는 밤
허공에 흩어지는 자작나무 하얀 숨소리만 시린 밤
어머니 푸념처럼 저도 한없이 외롭고 외롭습니다

Before Sunset

43번가의 저물녘 뉴욕 이민자 거슈인의 노래를 듣는다
'내게서 그것을 뺏지 못해 Can' t Take That Away From Me'
저 조그만 사람들, 뉴요커도 유러피안도 도넛을 파는 스페니쉬도
햇살에 반짝이는 소소하고 아름다운 오늘의 저녁을 뺏지 못한다
욕망이 흘러가는 웨스트사이드로 노을이 물감을 풀어놓는다
시원을 알 수 없는 잠재적 슬픔이 스멀스멀 촉수를 뻗는다
새 한 마리 안간힘으로 저녁을 휘저어 노을 속으로 사라진다
나는 석양을 배경으로 앉은 노파를 '비포 선셋' 이라 명명한다
그 누구도 그 무엇도 뺏기지 않을 수 없는 보헤미안
우린 모두 Before Sunset이다
언젠가 오늘 같은 노을로 내 마지막 저녁이 걸어온다면
그래, 그런 저녁 내 영혼이 잠잠히 적막을 밟고 갈 때
한 생이 지나가는 저녁 강에 누군가 꽃잎 몇 장 흘려주기를…

파라모스의 벽

운명의 벽 틈으로 나누던
파라모스와 티스베의 숨결처럼
사랑에는 간절한 질료가 필요해
금지된 사랑은 끝 모르게 타오르지
끝 모르다 비극적 결말을 맞이하지
태양이 물아래 떨어지고 밤이 오고
흰 뽕나무 아래서 만나 떠나려던 밤
사자를 피하던 티스베의 베일은 떨어지고
사자는 피 묻힌 입으로 베일을 물어뜯고
피 묻은 베일에 오해는 생겨나
티스베를 따라 파라모스는 죽었지

절대 비극은 벽을 무너뜨리지 않은 일

모노리텐*

위로 더 위로 오르려던
저들은 어디에 닿았을까?
저들은 무엇을 찾았을까?
생각할 즈음

수많은 나상이 엉킨 채
욕망의 덩이로 하얗게 타오르는
군상들 속에 버둥대는 낯익은 얼굴
비겔란트! 당신을 본 적 없는데
어떻게 나를 포착해 넣은 거지?

오 가여운 후회
한겨울 깃발처럼 펄럭이는
기습적 후회

*Monolitten - 오슬로 비겔란 공원의 오벨리스크

십일월의 비

어머니
늦가을 비가 내립니다
겨울로 건너가는 빗줄기 속에
무녀처럼 떨고 있는 한 잎의 사투와
시린 바람 소리가 이별 한 그날 같아서
저는 해변의 젖은 의자처럼 비어있습니다

어머니
허망의 마차를 타고 생의 사막을 지날 때
영혼을 적셔줄 한 줄의 시를 꿈꾸었습니다
그러나 어머니의 평생을 딛고도 저는 아직
맛없는 말의 밥상에서 일용할 적막을 먹습니다

여태 분꽃이거나 백일홍 같은
명료한 씨앗 하나 익히지 못하고
세상의 변방을 부유하는 나그네입니다

어머니 이제
십일월의 비가 그치면 저에게도

누군가에게 힘이 될 싱싱한 언어들이
콩나물처럼 자라나기를 기도해 주십시오
사랑하는 나의 어머니!

리베라 탱고

내리는 눈만큼 생각만 부풀어
푹푹 눈 덮인 솔베이지 마을을 헤매다가
피아졸라의 리베라 탱고로 되살아나서
아르헨티나로 간 셀리포터*를 생각한다

'탱고 레슨' 의 극본을 쓰고
주연으로 고혹적 탱고를 춘 뜨거움
바이올린 선율에 타오르던 자의식
영화보다 영화다운 작가의 완전연소

오!
셀리 포터여!
아르헨티나여!

겨울의 여윈 겨드랑이에 숨은
불완전 연소의 슬픔으로
유예된 꿈의 불꽃을 피워 올린다
오! 싱싱한 열정이여!

* Sally Potter - 90년대 페미니즘 영화감독

멱라

말없이 흐르는 게
멱라뿐이던가?

떠돌이 개가 짖어도
잠잠히 겨울을 건너는
저 명징한 달을 보라
눈보라에 홀로 견디는
시금치의 푸른 귀를 보라

산수유도 홀로 붉디붉어
여태 싱싱히 버티고 있다

소리 없는 강물이
소리 없는 달빛이
불변의 스승이다

저물녘

가랑잎처럼 등 굽은 노인
자반 한 손 달랑 들고
뽀얀 신작로 외길을 간다

고등어 등은 아직 푸르고
노을이 가만가만 뒤 따라간다

제 4 부

사과나무 아래서

무꽃

어머니
까치발을 한 무꽃 좀 보세요
왜소한 몸피를 타고 오른 연노랑
봄을 흔드는 눈짓이 범상치 않아요

어머니
감정을 숨기는 기품을 지니지 못해
값싸게 헤실헤실 웃는다고 야단맞던
유년의 봄처럼 철없이 웃고 싶어요

어머니
까치발을 하고 선 무꽃 같은
여린 풋것이 다시 온 이 봄
사람도 다시 피면 얼마나 좋을까요

유목遊牧 2

홉스굴* 가는 길 멀어도
언 강이 녹기 전 자물쇠를 열어
뜨거운 수태차를 마셔야 하리

세상 어린것은 모두 애잔해
말 등에 묶은 상자 속 아가는
최후의 유목민, 차탄족의 후예
풀잎 같은 호흡으로 잠이 든다

눈보라에 아득해지는 경계
눈물 콧물이 꽃으로 그려진 밤
뜨거운 수태차를 마셔야 하리

산다는 건
죽은 가축들을 버리고 떠나는 일처럼
언제나 쓸쓸하고 허망한 것인지 몰라
그래도 남은 존재는 서로를 의지하며
언 강에 열망의 지느러미를 던져야 하리

마침내
깨 꽃 같은 별이 뜬 홉스굴
아가의 붉은 뺨에 흐르는 온기로
뜨거운 수태차를 마셔야 하리

* 몽골의 알프스로 불리는 곳

알파인 모놀로그

이국의 눈썹 짙은 별이
방심한 가슴으로 숨어들어
아득한 적막을 데리고 올 때
계절이 저무는 이국의 마을엔
그리움 바이러스가 걸어 나와
잊었던 이름들을 소환한다

완벽하게 이별했지만
의식의 심층에 사는 사람들과
모국을 떠났던 마종기 시인과
아담 자기에프스키*를 생각 한다

어쩔 수 없이 유리된 슬픔
그 아릿한 언저리를 가늠해 본다
이국의 눈썹 짙은 별이
푸른 도라지꽃으로 피는 밤에

* Adam Za gaiewski-폴란드 시인

슬픔 없는 계절

진달래 꽃불 나면
봄이 슬프고

햇뻐꾸기 홀로 울면
여름이 슬프고

너 떠난 시월이면
가을이 슬프고

숨어서 울기 좋은
겨울까지 슬프다

슬픔 없는 계절은 피신 중

사막 일기

우물을 상상하며 걷던 때가 있었다
우리가 오아시스를 만나지 못한 건
오아시스까지 가지 않았기 때문
그러니 우리 실패했다 말하지 말자

너의 도시에 비가 흘러내리듯
사막엔 태양이 하염없이 흘러내린다
너의 마을에 분분할 꽃잎은 여기에 없다
다만 느슨해진 모래바람이 불고
몇 이파리의 기억이 피어나고
욕망의 찌꺼기 같은 모래 속에서
상처 난 지느러미가 꿈틀거린다

하얀 모래 물결 속에서 기호들이 튄다
어제로 쓸렸다 오늘로 밀리는 경계에서
사막은 존재의 지문을 지우고 있다

나는 사막의 모래 산에
상상하던 우물 하나를 그려 둔다

벚꽃 엔딩

봄의 흰 비늘을 날리는
벚꽃 엔딩처럼 그렇게
마지막은 가벼웠으면 해

그리울 것 없는 거리에서 난
기억에 조각된 정보들을 꺼내
사월의 새들에게 팔아버렸지

커피 냄새로 저녁이 날고
카페의 하얀 벽에 앉았던 새는
시시해 시시해서 날아가고
이 봄의 현상들은 비애가 깊어
삭제하고 싶은 계절이기도 해

봄의 흰 비늘을 날리는
벚꽃 엔딩처럼 우리
마지막은 가벼웠으면 해

프랑스 풍 카페

허드슨강은 검게 흐르고
맨해튼 불빛은 눈 부시다
마들렌을 먹는 밤의 카페에서
난 이국의 어족으로 유영한다

국경을 넘는 이방인이다가
페루 해변의 민낯이다가
뭉크의 절규 속 여자이다가
만년설에 숨어든 햇살이다가
굴참나무 그늘 깊은 마을이다가

중얼거리는 밤의 항구에
조그만 이방인으로 정박한다

이별의 기술

넌 데이지 꽃처럼 웃다가
배우처럼 멋지게 돌아선다
우린 비린 슬픔을 사양한다

아기를 추키는 네 겨드랑이에서
푸른 눈의 독수리들이 날아오른다

JFK공항 밖은 초콜릿 같은 어둠
너의 밤은 특급열차처럼 달려와
한 무더기 애잔함을 부려놓고 간다

나는 데이지 꽃처럼 웃다가
배우처럼 멋지게 돌아선다

아라야네스 정원

붉은 궁전 깊이 사랑을 숨기던
왕비의 비단옷 스치는 소리처럼
이방인을 들뜨게 하는 유월의 바람

아라베스크 문양은 보석처럼 빛나는데
알람브라궁전을 빼앗기고 몸부림치다가
그라나다를 떠난 나스르왕의 영혼인가
흐르는 물에 얼비치는 슬픔의 무늬들

왕비를 사랑한 사내의 혈족이 처형되어
붉은 피가 강물을 이뤘다는 궁전 모퉁이
서른여섯 숫자로 명백한 불륜의 기록에도
시치미를 떼고 요염하게 핀 장미꽃 무리

사랑도 왕국도
그 무엇도 영원한 것 없이
인생은 흩어지고 흩어지는 일
여름 가운데서 겨울을 예습하는 일

봄 초승달

누구의 풍찬노숙인가?

울어 줄 꽃잎도 없이
시 한 편의 위로도 없이

홀로 가는
저 가난한 쪽배는

시인의 물수제비

어느 시인이 홀로 물수제비를 뜬다
돌이 튀는 향방을 꿈의 과녁이라 하고
통통 튀는 한방의 날카로운 키스라 하자
돌멩이의 행방에 대해 묻지 않듯
무엇하러 시를 쓰냐고 묻지 마라
고통의 숙명을 알고 가는 사람이 시인이다
그러니 시인을 가난하다고 말하지 마라
시인은 꽃을 헤아리며 가는 사람이 아니라
꽃과 나무의 숨결을 먹는 사람이라고 하자
불행한 뉴스로 위로받는 아류가 아니어서
저렇게 홀로 외롭게 물수제비를 뜨고 있다

부탁

한철 피어 꽃 시절이고
한철 젖어 장마라 하지
꽃도 맨몸으로 비에 젖는다

한없는 기쁨이 없듯
끝없는 슬픔도 없다
그러니 기뻐도 그러려니 하자
그러니 슬퍼도 그러려니 하자

절망의 벽 앞에서
누구는 넘어져 울지만
누구는 솟구쳐서 난다

우리 서로
살다가 서러워 울고 싶으면
물고기가 달을 깨우는 두물머리
수초만큼만 잠잠히 흔들리며 살자

후포

왜 하필 바다에 쏟아지나
저 미친 달빛의 바겐세일

섬뜩하도록 빛나는 저 달빛에
날카로운 저 달빛에 찔려 죽은
전생의 사랑이 쏟아져 내린다

그대 못다 한 사랑 있다면
소금으로 남을 사랑 있다면
달빛 환장할 후포에 오라
후포에는 달빛이 반이다
아니 시퍼런 노래가 반이다

후포에는 전생의 면사포처럼
희디흰 달빛이 너울너울 춤춘다

사과나무 아래서

사과나무 아래서
돌아갈 수 있다면
달라질 것들을 생각한다

질들레즈를 생각한다
잠재적 이미지에 싸인 현행
진실이 아닌 말
진실이 아닌 침묵이 지천인 세상
사과나무 그늘이 어둡다

사과나무 아래서
우편배달부를 기다리던 날처럼
달라질 것 없음을 알면서
달라질 것들을 생각한다

곶자왈에서

너무 멀리 와 버린 밤이다

바람이 달의 지문指紋 을 지우는 동안
잠 못 드는 마음만 나뭇가지에 걸려
서걱서걱 마른 이파리로 나부낀다
너무 멀리 와 버린 밤이다

밤의 해변을 적시는 파도처럼
어디서 와서 어디로 가는지 모른 체
밀리고 밀려서 와 버린 밤이다

투명한 달의 빗살무늬로
허망이 기록되는 밤이다

너무 멀리 와 버린 밤이다

추락하는 잎에도 뼈가 있다

기억해야 하리
저 한 잎의 소금기를
눈물로 견고해진 뼈를

기억해야 하리
천둥과 비바람과 우레를
한 생을 살아 낸 위대함을

기억해야 하리
속살거리던 비단 바람과
황금의 햇살이 잠시였음을
깊은 어둠과 고독이 길었음을
하여 자주 절망하였음을

기억해야 하리
세상의 사소한 추락에도
슬픔의 뼈가 숨겨진 내력을

미르달행 산악열차

어머니
빙하의 계곡을 지나며
사람들은 착한 눈빛입니다

만 년 전의 눈이 빚은 순결
해발 866M 차창 밖 신비함에서
사람들은 어떤 꿈을 꾸고 있는지
순하고 작은 짐승의 눈빛입니다

시각으로 다가와 환치換置되는
벅찬 감동의 파노라마 앞에서
저는 한 마리 연약한 짐승입니다

야일로*로 돌아가는 풍경 속에서
저는 산마을 작은 들꽃으로 나부끼고
그리움은 폭포로 쏟아져 내립니다

어머니
행복한 순간에 그리움은 더 자라지만
저 유장한 피요르드 같은 삶의 길섶

이름 없는 들꽃처럼 살더라도
어머니처럼 고요한 어머니처럼
사람을 사랑하며 살겠습니다

* Geilo-노르웨이 남부 마을

채송화에게

낮게 너만큼 낮게 엎드려
캄캄한 세상의 계단을 내려가면
진실의 심층을 만날 수 있을까?

낮게 너만큼 낮게 엎드려
겸손의 작은 손을 모으면
하느님은 기도를 들어주실까?

항용恒用
실패의 절반은 오만이었고
나머지 절반은 불찰이었다

항용恒用
낮게 너만큼 낮게 엎드려
항용유회亢龍有悔 기억한다면
너처럼 고운 빛으로 피어날까?

머나먼 해변

비 내리는 도시의 뒷길
나무들이 숯을 먹은 듯 검다

무수한 소문을 여미고
침묵의 주름을 매단 숲에는
파랑 치던 머나먼 해변에서
쓰리게 울던 모래 소리가 난다

비를 타고 흐르는 삶의 통증

사는 게 거기서 거기라지만
도시의 뒷골목 허기진 바깥
아프게 젖고 있는 나무들의
적요한 고독을 기억해야 한다

그리고 우리
한 계절의 비가 그치면
해변의 조가비만한 사랑이라도
끝내 부활하기를 꿈꾸어야 한다

제 5 부

바람의 말

엘비라 마디간

스웨덴의 초원을 지나며
모차르트 피아노 협주곡에 눈 감는다

풀꽃이 핀 들판을 나르는 나비
나비를 쫓아가는 엘비라
탕! 탕!
두 발의 총성에서 눈을 뜬다

"나는 행복한가?" 라고
식스틴처럼 물어본다

들판의 꽃들 질 줄 모르고 피었다
엘비라 죽을 줄 모르고 사랑했다

그녀의 마지막 치맛자락처럼
새가 난다

쓸쓸함이라는 선물

까마귀 날아간 빈 하늘과
우편배달부가 오지 않는 종일과
지붕 낮은 집 요요한 적막이
쓸쓸함이라 말하지 마라

아무도 없고
아무것도 없는걸
쓸쓸함이라 말하지 마라

붉은 감나무 잎이
멀어진 이름으로 지는 걸
쓸쓸함이라 말하지 마라

까마귀 날아간 빈 하늘과
우편배달부가 오지 않는 종일과
지붕 낮은 집 요요한 적막이 있어
온종일 세상과 화해를 한다

늙은 팽나무의 바깥

삼백 년 된 팽나무
아파트 정원으로 팔려와
떠나온 강가를 서성이는지
잎사귀들은 밤마다 수런거린다

꿈마다 그리움의 등불을 들고
아련한 갯내를 찾아 헤매는 건지
울퉁불퉁 몸피의 바깥이 시리다

그래도 별빛 푸른 밤이면
세헤라자데 마냥 주저리주저리
유적지의 내력을 풀어놓는데
샤리아처럼 귀를 세워 들어보면
이민자의 갯내 나는 말이 질푸르다

매듭

어머니는 한밤중에 홀로 앉아
실타래 매듭을 풀고 계셨다
어머니는 실을 푼 게 아니라
엉킨 세상사를 풀고 계셨던 거다

꽃의 경계에서

꽃만이 꽃인 줄 알았다
향기에 취해 날 가는 줄 모르고
천만 송이 꽃의 문장만 기억했다

반생 지나서 보이는 식솔들
수척한 피붙이들이다

메마른 대궁 쭈그러진 이파리
그걸 먹고살았음을 잊었었다
식솔들이 푸른 얼굴을 비비던
눈부신 아침을 잊고 살았다

그 시퍼런 냄새도 없이
꽃의 환상에 갇혀 있었다
낙화의 경계에서야
꽃만이 꽃이 아님을 알았다

바람의 말

바람처럼 훌훌히 자유롭다고?
그렇게 말하지 마

전깃줄도 나뭇가지도 돌멩이도
다 나를 가로막고 있어

너 혼자
바다 건너 봤어?
사막 건너 봤어?

너는

바람 부는 벌판에 홀로 서서
그림자마저 슬픈 은유로 흔들릴 때
너는 나를 눕지 않게 한 사람

얼마나 많은 바다를 건너야
안식의 모래밭에 닿을지 몰라
지친 날개를 접고 눈물 흘릴 때
너는 나를 일으켜 날게 한 사람

타협과 편승의 거래로부터
당당히 맞서 가시밭을 택할 때
너는 진실을 기억하게 한 사람
촛불을 켜 기도하게 하는 사람이다

달의 궁전

꽃으로 지은 달의 궁전
금 황의 꽃 이파리 날아다니는
향기로운 침대에서 잠이 들었지

달디 단 계화 향기를 덮고
천년의 꿈을 꾼 것인가

은하의 나루에서 나는 보았지
덜어낸 죄업罪業의 무게만큼
단단히 축조되는 궁전을

겹겹이 허물을 걸치지 않아도
어머니의 양수처럼 따스한 품
무욕無慾으로 지은 달의 궁전을

백련白蓮

캄캄한 진흙 속에서
얼마나 곪아 문드러져야
저토록 하얗게 환생하는가
숨 막히는 문장으로 피어나는가

詩詩한 시

"시는 쓰는 게 아니라 낳는 거야"
스승 유기섭 교수의 충고였다

사막과 벌판과 초원에서
死産된 시들은 별이 되었을까

눈 붉은 슬픔이거나 고독이었던
불면의 모든 시 별이 되었다면
그 별빛에 찔려 죽는 시인이고 싶다
못난 시를 낳다 죽더라도
뭇별에 묻히는 시인이고 싶다

내 詩詩한 시들은
어느 들판의 꽃으로 피어날까

척박한 길섶 외로운 발소리에
그렁그렁 맺힌 눈물이더라도
누군가를 위로할 한줌 향기로 남아
꽃 덤불에 묻히는 시인이고 싶다

달팽이에 관한 고찰

누군가 태어나고 죽어가는 오늘
마른장마에 널 부러진 배추밭에서
타들어가는 네 심장을 얼핏 보았다

쩍쩍 갈라진 황무지에 불볕이 눕고
메마른 배춧잎에 달팽이가 깃든 오후
욕망의 속도에 지친 존재를
기다리다 죽어가는 것을 생각한다

오지 않는 것을 기다리는 일
생명이 죽어가는 풍경은 얼마나 황망한가
그렇게 무너지는 유월의 저녁을 덮고
비수처럼 별이 뜨는 밤은 또 얼마나 쓸쓸한가

그리고 오늘 같은 내일이 오고
누군가는 태어나고
커피색 배춧잎에 달팽이는 깃들고
우리는 오지 않는 것을 기다릴 거란 게
얼마나 쓸쓸하고 적막한 일인가

그리운 독설

독설의 귀재였던 엄마
시를 쓰지 않고 시를 살았다

아홉 살 여름 꽃무늬 새 장화 신고
졸랑졸랑 사촌언니 따라간 샛강에서
장화 한 짝 벗겨져 떠내려가던 것이다
엄마한테 혼날까봐 장화 붙잡던 기억뿐
깨어나 본건 불이 튀던 엄마의 눈동자였다
엄마는 파랗게 질린 순이 언니에게
벼락을 눈 맞듯이 맞을 년이라 했다

언니는 엄마 빈소에서 울다 웃었고
벼락을 눈 맞듯 맞지 않아 다행이라 했다

싸락싸락 눈 내릴라 치면 나는
눈 맞듯 벼락을 맞는 장면을
벼락의 융단폭격을 상상하는 것이다

이제 더 이상 막강한 내 편은 없다

오월이 오면

오월이 오면
보리 밭 엿보는 바람이나 되리
황톳길 홀로 걷다 눈물 나면
오디 먹은 듯 푸른 입술이던
물감 장사 딸처럼 밀 대궁 꺾어
뽀얀 신작로 휘적휘적 걷다가
애꿎은 열무 꽃이나 흔들어 보리

오월이 오면
홀아비 물감 장사 딸처럼
햇빛 더불어 하릴없이 놀면서
종달새 더러 유행가도 시키고
안 되는 휘파람이나 휘리리 불며
내 맘대로 한번 살아 보리

오월이 오면
세상이 하는 말 귓등으로 흘린 채
거칠 것 없이 한번 살아 보리

가벼워져야 한다

가벼워져야 한다
메마른 강이지 풀 대궁
지쳐 눈감은 망초 꽃 더미
등 굽은 해바라기로부터

가벼워져야 한다
너무 빠르거나 느린 유속에
서성거렸던 꿈으로부터

가벼워져야 한다
열정과 비정 사이
표류한 시와 사랑으로부터

가벼워져야 한다
예프튜센코와 아폴리네르로부터

* evtushenko - 저항과 관용의 시인

한 권의 시집

한 권의 시집 속에는
자작나무 숲이 들어 있어
뽀얀 속살의 향기 날아다니지

한 권의 시집 속에는
보르네오 섬 바람이 들어 있어
서늘한 피리소리가 들려오지

한 권의 시집 속에는
잠 못 드는 시인의 밤이 있어
쓰지 못한 문장으로 잠들어 있지

한 권의 시집 속에는
그런 밤을 모르는 애인이
헤이다 만 아기별이 빛나고 있지

한 권의 시집 속에는
나무를 베다 손목을 잃은
벌목군의 눈물이 배어 있어
책장을 넘기면 슬픔의 냄새가 나지
참 많기도 하지
한 권의 시집 속에는

행간마다 살아 숨 쉬는 감각적인 시

계간문예문학상 심사는 쉬운 일이 아니다. 오랜 시력을 쌓은 많은 시인들이 투고한 작품들 가운데서 단 한 시인의 작품을 골라야 하기 때문이다. 저마다 개성이 다른 작품들을 세밀하게 평가한다는 게 여간 어려운 일이 아니다.

계간문예문학상은 그 제정 취지에 맞게 공정성을 기하기 위하여 응모한 시인의 이름을 가리고 심사하여 수상자를 선정하게 된다. 심사기준은 주로 무리 없는 문장, 주제의 형상화, 구성의 완성도 등에 두고 있다. 무엇보다 남과는 다른 나만의 개성적 세계와 표현을 하고 있는 시인에 관심을 두게 된다. 이 상은 벌써 5회째를 맞아 그 연륜과 수준을 더 높여가고 있다.

올해에는 세 사람의 15편 작품이 최종심에 올라왔다. 세 사람이 모두 고른 수준을 갖추고 있었다. 두드러진 한 작품보다 5편의 작품이 모두 균질한 시인을 염두에 둔 것은 앞으로 작품 활동을 할 수 있는 능력과 가능성을 염두에 두었기 때문이다. 세 사람의 작품 중에서 〈폐경기의 유배지 성산포에서〉 〈적막한 식민지에 네가 있다〉 〈붉은 트로이〉 〈밤바다에서〉 〈장미지평선〉을 쓴 시인을 수장자로 결정하는데 의견을 모았다. 이 시인의 작품은 먼저 제목이 보여 주는 참신성과 독창성이 눈길을 끌었다. 그리고 시어를 만들어 내는 장인정신과 전개하는

구성과 문장 솜씨에 무리가 없어 오래도록 쌓은 시력이 짐작되었다.

감정의 노출과 상투적인 관념어가 다소 눈에 띄었으나, 5편의 작품 모두 행간마다 살아 숨 쉬는 감각적인 표현들이 눈길을 끌었다.

"청포묵 한 모로 누운 성산포" "내 방황을 위리안치한 삼목숲 파수꾼이 바람 손으로 갯메꽃을 흔드는 밤" 〈폐경기의 유배지 성산포에서〉, "산다는 건 사슴뿔 같은 노란 싹을 달고 지친 몸피로 버려진 무 같은 어제들" 〈적막한 식민지에 네가 있다〉, "잿빛 기억들이 새떼처럼 날아올라 보랏빛 하늘의 신화 속으로 멀어져 가며 내 사랑의 멸망사를 쓰고 있다" 〈붉은 트로이〉, "꽃이 피는 동안 테러는 이어졌고 장미 지평선은 아직 꾸지 못한 꿈이 되었다" 〈장미 지평선〉 같은 구절들이 특히 감각적이고 뛰어난 표현들이다.

나만의 개성을 살려 자기 세계가 확고한 시인으로 대성하리라 믿는다.

심사위원 김창완(시인) 권달웅(시인)

인지
붙이는 곳

계간문예시인선 152

강외숙 시집_ 메가네우라의 사랑

초판 인쇄 2019년 12월 25일
초판 발행 2019년 12월 30일

지 은 이 강외숙
회 장 서정환
발 행 인 정종명
편집주간 차윤옥

펴낸곳 도서출판 **계간문예**
편집부 03132 서울 종로구 삼일대로 30길 21 종로오피스텔 1209호
주소 03132 서울 종로구 삼일대로 32길 36 운현신화타워 305호
전화 02-3675-5633, 070-8806-4052 팩스 02-766-4052
인쇄 54991 전북 전주시 완산구 공북1길 16, 신아출판사
이메일 munin5633@naver.com
등록 2005년 3월 9일 제300-2005-34호
ISBN 978-89-6554-213-1 04810
ISBN 978-89-6554-118-9 (세트)

값 10,000원

잘못 만들어진 책은 바꾸어 드립니다.

이 도서의 국립중앙도서관 출판예정도서목록(CIP)은 서지정보유통지원시스템 홈페이지(http://seoji.nl.go.kr)와 국가자료공동목록시스템(http://www.nl.go.kr/kolisnet)에서 이용하실 수 있습니다. (CIP제어번호: CIP2020000264)